Ruediger Glatz
KAMENICA

KEHRER

9

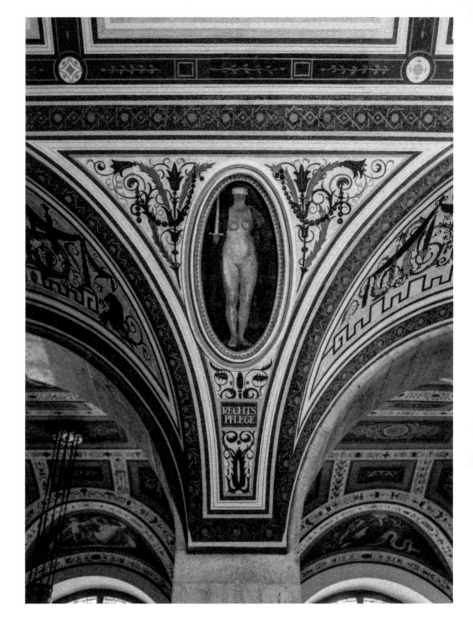

```
                    10, 8, 5, 5, 5
 ||||  ||||  ||||   7, 5, 5, 6, 3, 6, 14
 ||||  ||||  ||||   20, 10, 10, 20
      ||||  ||||    20, 10, 14, 14
                    10, 10, 20, 10
                                    10
  22    247   normal 10
  10    32    Hm     10
```

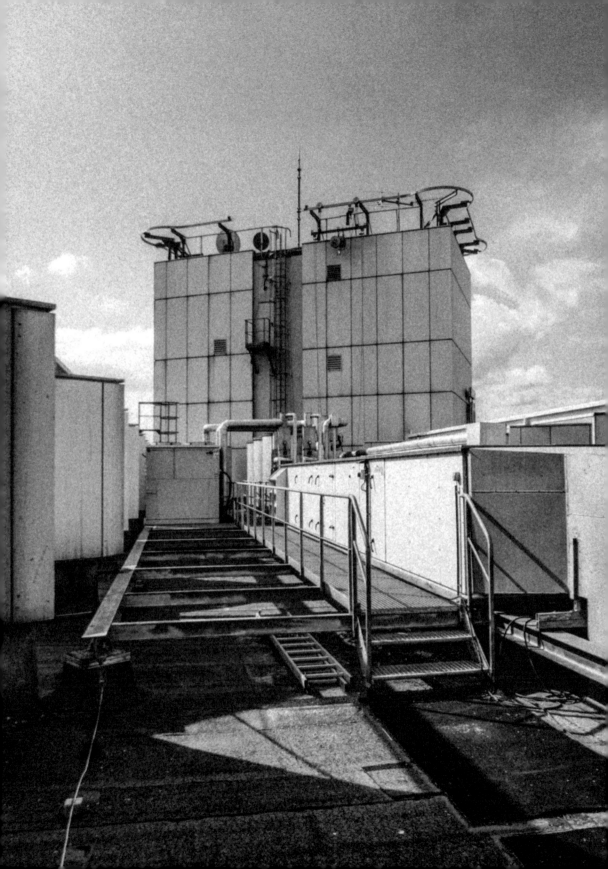

104

Geschichte(n) im Fluss
Sophie-Charlotte Opitz

KAMENICA beginnt mit einer Fotografie eines schwarzen Monolithen, auf dem ein unförmiger Stein ruht. Das, zumindest, suggeriert das Sichtbare. Doch bei dem Objekt handelt es sich nicht um ein abstraktes Werk, sondern um das berühmte Karl-Marx-Monument in Chemnitz – nur eben von hinten fotografiert. Der Fotograf Ruediger Glatz unterläuft den üblichen Blick auf das Denkmal und verweist so auf das Potenzial von Fotografie: Sie bildet nicht lediglich ab, sondern deutet stets auf die Umstände, Akteur:innen und Geschichten hin, die das Bild geformt haben. Im Falle seiner Fotografie des Monuments entzieht sich Glatz den hiermit verbundenen Repräsentationsmechanismen von Gesellschaftsordnungen. Durch seinen aktiven Perspektivwechsel nimmt der Fotograf bereits zu Beginn Bezug auf die komplexen Machtdynamiken, die in Chemnitz' Architektur und städtisches Erbe eingeschrieben sind und die einem im Verlauf der fotografischen Reise durch die Stadt immer wieder begegnen. Dabei spannt Glatz den Bogen zur fotografischen Technik, die Motor und Produkt hegemonialer Strukturen ist. Andersherum, so zeigen seine Bilder, kann sie genutzt werden, um neue Perspektiven einzunehmen und sich dem Statischen mit einem dynamischen Blick zu widersetzen.

KAMENICA konterkariert ein Verständnis von Fotografie als authentisch und objektiv – ein neutrales »Zeichnen mit Licht« (altgriechisch *φῶς phōs* = Licht und *γράφειν gráphein* = Zeichnung), das die Realität unverfälscht wiedergebe. Stattdessen zeigt Glatz' fragmentarischer Blick auf die Stadt, dass Fotografie weder vollständig kontextualisieren noch erklären oder erzählen kann. Sie bleibt stets durch den Bildausschnitt eingeschränkt, das Motiv zwar präzise fixierend, nicht aber ihre Aussage, die von Person zu Person variieren kann. Ähnlich steht es um Denkmäler: Als visuell-materielle Repräsentationen kultureller und kollektiver Identität verleihen sie Zeitgeschehen symbolische Präsenz. Gleichzeitig sind sie aber auch Machtinstrumente, die zwar politische Sichtbarkeiten schaffen, deren Ziel – die Etablierung von Deutungshoheiten über das Vergangene – jedoch von aktiv gelebten Erinnerungskulturen abhängig ist. Genau hier setzt Glatz' ungewöhnlicher Blick auf das Karl-Marx-Monument an. Er führt weg von einer monoperspektivischen Lesart und verweist auf die Notwendigkeit, die Vielfalt der Geschichte wahrzunehmen und zu reflektieren. Mit dem Wechsel seines Standpunkts transformiert er das Denkmal im Sinne einer »De-Commemoration«[1] (dt.: »Ent-Gedenken«) zu einem *Um-Denkmal*, das die fragile Natur des Erinnerns gegenüber der Starrheit des Gedenkens in den Vordergrund rückt.

Visuelle Kulturen und kollektive Gedächtnisse stehen in ständiger Wechselwirkung: Das, was Sichtbarkeit erhält, beeinflusst durch seine Präsenz gesellschaftliche Diskurse. Letztere prägen wiederum das Verständnis von Bildern. Indem Glatz das Denkmal anders zeigt als intendiert, wird die Fotografie selbst zu einer bewussten Handlung. Sie hinterfragt traditionelle Gedenkformen und eröffnet Möglichkeiten, die Geschichte neu zu erinnern. Von hier aus entfaltet sich Glatz' fotografische Erkundung Chemnitz' – einer Stadt, deren Geschichte im Stadtbild allgegenwärtig ist. Seine Bilder, aufgenommen mit einer Digitalkamera, jedoch die körnige Ästhetik analoger Schwarz-Weiß-Fotografie aufgreifend, verwischen die Grenzen zwischen Vergangenheit und Gegenwart, zwischen Dokumentation und Interpretation. So erhebt Glatz die Architektur und urbane Landschaft Chemnitz' selbst zum Denkmal: In ausladenden Aufnahmen, aus der Vogel- und Zentralperspektive treffen Wolkenkratzer auf Marmorstatuen, historische Türme auf moderne Bürokomplexe, Plattenbauten auf Bauhaus-Architektur. Die Stadt präsentiert sich in ihrer ganzen Diversität. Die Bildmotive werden zu stillen Zeugen der Zeit, die den sozialen Wandel wie ein urbanes Palimpsest offenlegen – eine Schichtung der Geschichte(n), die sich in die Architektur und Landschaft Chemnitz' eingeschrieben hat.

Eindrücklich verständlich wird dies in einer Fotografie des Neuen Rathauses, das von der geschwungenen Glasfassade eines modernen Einkaufshauses flankiert ist. Das 1909 errichtete Neue Rathaus steht symbolhaft für die industrielle Blüte der Stadt und den Bedarf an neuer Verwaltungskapazität, der durch das rasante Bevölkerungswachstum hervorgerufen wurde. Zugleich ist es ein Zeugnis des Zusammenhalts der Chemnitzer Bevölkerung am Ende des Zweiten Weltkrieges: 1945 wurden durch die Luftangriffe der Alliierten 80 Prozent der Innenstadt zerstört, doch das Neue Rathaus blieb nahezu unversehrt. Es wurde durch den Einsatz von Feuerwehr und Helfer:innen geschützt. In Glatz' Bild verknüpft sich dieses historische Ereignis mit der Gegenwart: Während der Marktplatz, auf dem das Neue Rathaus steht, konstant als Ort des wirtschaftlichen Austauschs genutzt wird, deutet die spiegelnde Glasfassade des Einkaufszentrums auf den kontinuierlichen Wandel der Ökonomie hin.

Oft wählt Glatz Perspektiven von hoch oben oder weit weg, doch vermitteln die Bilder keinen distanzierten Blick. Vielmehr scheint der gewählte Abstand danach zu streben, ein Gesamtbild der Stadt zu erhalten. Menschen erscheinen nur vereinzelt und aus der Ferne, denn Glatz konzentriert sich auf die sichtbaren Spuren des Menschlichen: von Kirchen und Bahnhöfen über Museen und Konzertsäle bis hin zu Wohnhäusern und Leerständen formen die Fotografien in ihrer Bildsprache ein komplexes Kulturporträt der Stadt. In diesem inbegriffen sind auch die Kontrollmechanismen der Macht:

110

Überwachungskameras und Wachposten sowie Mauern, Fenster und Türen, die den Zugang verwehren, werden zu visuellen Markern der Machtstrukturen, die das Stadtbild und die Geschichte der Menschheit – eine Geschichte voller Herrschaftsansprüche – prägen. Michel Foucault hat in *Überwachen und Strafen*[2] die Entwicklung disziplinierender Gesellschaftsstrukturen analysiert und gezeigt, wie sich Macht von physischer Gewalt zu Überwachung, Kontrolle und Disziplinierung in Institutionen wie Schulen und Gefängnissen verlagert hat. Glatz' Aufnahmen solcher menschenleeren, ordnenden Orte stellen das feine Netz an Machtlinien heraus, das die städtische Identität durchzieht. Doch anders als in Foucaults Konzept, in dem Macht von einer ahistorischen Konstante geprägt zu sein scheint, zeigt Glatz ihre durch gesellschaftliche Veränderung bedingte Dynamik auf. Baugerüste und Baustellen, die in *KAMENICA* wiederholt erscheinen, symbolisieren nicht nur den kontinuierlichen Wandel von Orten, sondern auch den Umstand, dass die historische Bedeutung eines Ortes nicht in einem Gegensatz zu seinem ständigen Wandel steht. Auf den Punkt bringen diese Überlegungen die vielen Fotografien von Stickern, Wahlplakaten, Graffiti und Murals. Sie visualisieren die Spannweite politischer Meinungen im öffentlichen Raum. Durch Überklebungen, Durchstreichungen und verblassende Papierfetzen zeichnen sich die Kämpfe der Positionen ab und verweisen auf die Bedeutung politischer Sichtbarkeit im Stadtbild – wer gesehen wird, bekommt Aufmerksamkeit, und wer Aufmerksamkeit hat, dessen Meinung erhält Gehör. Diese visuellen Mikropalimpseste der Macht verdeutlichen das Ringen um Dominanz im öffentlichen Raum.

Zum Ende des Buches mehren sich Aufnahmen von Fenstern. Ihr Glas bietet gleichzeitig die Möglichkeit zum Ausblick und zur Reflexion. 1973 beschrieb der Psychoanalytiker Jacques Lacan den Blick als Projektion des Selbst, die vom Gesehenen zurückgeworfen wird.[3] Wenn Betrachter:innen etwas anschauen, dann interpretieren sie folglich das Gesehene auf Basis individueller und kollektiver Wahrnehmungsmuster – Muster, die kontinuierlich durch Sozialisation, Kultur, persönliche Erfahrungen, Begegnungen und Wissensressourcen geprägt werden. Versinnbildlicht wird dieses Verständnis der Betrachtung von Fotografien in der Fensterscheibe. Sie ist zwischen dem Inneren und Äußeren platziert. Das letzte Bild des Buches zeigt den Fluss Chemnitz, der als stiller Zeuge die Stadt durchzieht. Seit Jahrhunderten prägt der Fluss, der im Altsorbischen »Kamenica« hieß, das Leben vor Ort – einst als natürlicher Lebensraum, später als wirtschaftlich bedeutende Wasserstraße. Er wurde über die Jahrhunderte kanalisiert und überbaut und ist heute vielerorts nur noch bruchstückhaft sichtbar. Der Kamenica gleich, zieht sich ein fragmentarischer und mitunter zuwiderlaufender Fluss an Geschichten durch Glatz' Fotografien. Alle Fotografien gemeinsam symbolisieren den hiermit verbundenen Wandel, der Chemnitz formt. *KAMENICA*, der Bildfluss des Fotobuchs, wird so zum Sinnbild einer Stadtgeschichte, die von Aufbruch, industrieller Blüte und kriegsbedingten Zerstörungen gezeichnet ist. Die hiermit verbundene Wandelbarkeit der Stadt verweist auf die Notwendigkeit, die Geschichte fortwährend neu zu hinterfragen.

1   Sarah Gensburger, »The paradox of (de)commemoration: do people really care about statues?« (20.07.2020), in: *The Conversation*, theconversation.com/the-paradox-of-de-commemoration-do-people-really-care-about-statues-141807 (letzter Zugriff: 20.11.2024)
2   Michel Foucault, *Überwachen und Strafen. Die Geburt des Gefängnisses*, Frankfurt a. M.: Suhrkamp 1976.
3   Jacques Lacan, *Die vier Grundbegriffe der Psychoanalyse. Das Seminar XI*, Textherstellung durch Jacques-Alain Miller, aus dem Französ. von Norbert Haas, Wien: Turia + Kant 2014 (franz. Original 1973).

Schichten einer Stadt
Sebastian Schmidt

Eine Stadt und ihre gebaute Situation fotografisch zu porträtieren, erfordert einen objektiven Blick, der die Stadt als ein komplexes Gefüge aus Geschichte, Architektur, sozialen Strukturen und urbanem Leben betrachtet. Die fotografischen Einzelaufnahmen von Gebäuden, Quartieren, Freiräumen bis hin zu den Spuren des Alltags hingegen bilden ein Bildkonvolut, das eine persönliche fotografische Position bezieht und den Betrachter:innen einen ebenso persönlichen Zugang zur intensiven Auseinandersetzung des Fotografen Rüdiger Glatz mit der Stadt Chemnitz ermöglicht.

Stadt lesen

Der Stadtkörper, der sich über Epochen hinweg Schicht für Schicht geformt hat, ist ein einzigartiges räumliches Gebilde. Die Zeit- und Raumschichten, aus denen sich der Stadtkörper zusammensetzt, werden durch intensives Hinsehen lesbar. Sie sind wie Textfragmente im Buch der Stadtgeschichte. Sie berichten von Wachstum, Zerstörung, Wiederaufbau und von Menschen. Chemnitz in seiner heutigen Struktur ist reich an Geschichte. Die Vielfalt von baulichen Situationen, die sich zu einer Collage gefügt haben, erzählen diese Geschichte. Eine Collage, bestehend aus baulichen Fragmenten, die aus ihrem ursprünglichen Kontext gerissen sind, und die zusammen schöne, ungewöhnliche, spannende, skurrile und einzigartige Orte bilden.

Rüdiger Glatz hat in seiner fotografischen Auseinandersetzung mit Chemnitz sorgfältig die verschiedenen räumlichen und zeitlichen Schichten freigelegt und präsentiert ihre Vielfalt für die Betrachter:innen in der vorliegenden Arbeit.

Schichten – Kamenica, Karl-Marx-Stadt, Chemnitz

Die Geschichte der Stadt Chemnitz ist eng mit ihrer wirtschaftlichen Entwicklung verbunden. Bereits im 15. Jahrhundert wurden in der Nähe der Stadt bedeutende Erzvorkommen, insbesondere Silber, entdeckt. Der daraufhin aufblühende Bergbau brachte der Region einen wirtschaftlichen Aufschwung, der das Wachstum von Chemnitz maßgeblich beeinflusste. Ab dem frühen 19. Jahrhundert, in der Zeit der Industrialisierung, gewannen der Maschinenbau und die Textilindustrie große Bedeutung für die Stadt. Die Stadt wuchs entlang der Hauptverkehrsachsen, Fabriken siedelten sich zentrumsnah und entlang der Eisenbahnlinien an. Rund um den mittelalterlichen Stadtkern mit seiner dichten Bebauung entstanden Arbeiterviertel und Fabriken. Mit dem Beinamen »sächsisches Manchester« entwickelte sich Chemnitz zu einem bedeutenden Industriestandort. Arbeiten und Wohnen waren in den Quartieren auf engstem Raum organisiert, was zu prekären Lebensverhältnissen führte. Um diesem Umstand entgegenzuwirken, entstanden in dieser Epoche großzügige Wohnviertel, wie zum Beispiel auf dem Kaßberg oder dem Sonnenberg, die bis heute zu den größten zusammenhängenden Ensembles dieser Art in Deutschland gehören. Die Entwicklung dieser Gebiete war ein Beitrag der modernen Stadtentwicklung, die gesunde und gute Wohnverhältnisse zum Ziel hatte. Innovationen in der industriellen Produktion förderten auch Innovationen in Architektur und Städtebau. Bauten der neuen Sachlichkeit prägten das Stadtbild von Chemnitz. Gebäude wie das Kaufhaus Schocken von Erich Mendelsohn, einem der bedeutendsten Vertreter seiner Epoche, zeugen noch heute davon. Die enge Verzahnung von Wohnen, Arbeiten und Infrastruktur prägte Chemnitz in dieser Zeit – eine Stadt, die stark von der Industrialisierung geprägt wurde.

Der Zweite Weltkrieg, und vor allem die Bombenangriffe des Jahres 1945, zerstörte weite Teile der Stadt, insbesondere die historische Innenstadt, aber auch Teile der Gründerzeitviertel und Industrieanlagen. Insgesamt wurden über 60 Prozent der Stadtstruktur schwer beschädigt oder völlig zerstört. Die organisch gewachsenen Strukturen des mittelalterlichen Stadtkerns, die engen Gassen, Straßen und Plätze, wurden großflächig zerstört und ausgelöscht. Die Stadt war nur noch ein fragmentarisches Gebilde: Lücken und Freiräume mitten im Stadtgebiet, Häuser, die aus dem Kontext des verloren gegangenen Ensembles gerissen worden waren, waren die Folgen der Zerstörung.

Mit der Gründung der DDR begann eine neue Phase in der Entwicklung von Chemnitz. Anstelle des Wiederaufbaus zerstörter Strukturen wurde das Stadtzentrum nach den neuen Prinzipien des sozialistischen Städtebaus in seinen verschiedenen Ausprägungen gestaltet.

Das Zentrum von Karl-Marx-Stadt, wie Chemnitz ab 1953 hieß, erhielt breite Magistralen wie die heutige Straße der Nationen und großzügige Plätze. Der sozialistische Städtebau fügte der Stadt eine neue, deutlich erkennbare Schicht hinzu, die im Kontrast zur ursprünglichen Bebauung stand. Die Strukturen der Wohngebäude, die ab 1960 auf dem Gebiet des zerstörten mittelalterlichen Stadtkerns errichtet wurden, folgten dem Konzept der offenen Wohnstadt. Mit dem Bau des Forums mit Interhotel und Stadthalle sowie der Bebauung entlang der Brückenstraße entstand ein städtebauliches Zentrum, das räumlich eigenständig den Mittelpunkt der Stadt markierte. Die innerstädtische Straßenführung wurde den Erfordernissen des zunehmenden Autoverkehrs angepasst, neue

Verkehrsadern und Magistralen entstanden. Der Wiederaufbau brachte eine umfassende Neugestaltung der Chemnitzer Innenstadt, nur einzelne Fragmente wie der Rote Turm, das Neue Rathaus wurden als stumme Zeugen in die Innenstadtgestaltung integriert. Der Bezug zur mittelalterlichen Stadt mit ihren Gassen, Straßen und Plätzen ging räumlich verloren, eine neue Stadt einer neuen Epoche entstand im Zentrum von Chemnitz.

Nach der Wiedervereinigung 1990 wurde die städtebauliche Entwicklung der DDR-Zeit infrage gestellt und teilweise zurückgebaut. Der Schwerpunkt lag nun auf der Wiederherstellung der Innenstadt und der Sanierung der Gründerzeitviertel. Diese Stadtreparatur fügte der Chemnitzer Innenstadt eine weitere Schicht hinzu, indem der historische Stadtgrundriss räumlich nachempfunden wurde. Neue Raumzusammenhänge entstanden durch städtebauliche Ergänzungen der vorhandenen Nachkriegsbebauung, wie zum Beispiel am Marktplatz. Nach der Wende brachgefallene Industrieflächen schufen Raum für kreative Freiräume und Initiativen. Projekte wie das Industrie- und Kunstzentrum Spinnerei Chemnitz oder das Areal des ehemaligen RAW zeigen, wie der Stadtumbau nach 1990 zur Entstehung neuer Räume und urbaner Qualitäten beigetragen hat.

Vielfalt

Die Stadtstruktur von Chemnitz hat sich nicht linear entwickelt, sondern ist durch Zerstörung, Wiederaufbau und Neugestaltung zu einer Collage verschiedener Epochen mit ihren baulichen Ausprägungen geworden. Diese Überlagerung verschiedener Schichten prägt Chemnitz als eine Stadt mit beeindruckender baulicher Vielfalt und einzigartigen räumlichen Zusammenhängen. Die Entwicklungsgeschichte der Stadt erzählt von einem Ort, der sich immer wieder neu erfinden musste.

Erkennt man die Besonderheiten der einzelnen Schichten und auch die Übergänge, Brüche und Kontraste, so erkennt man Orte voller Potenzial. Hier bietet die Stadt Gestaltungsspielraum für die Menschen, die heute in ihr leben. Es ist Platz für eine neue, zeitgenössische Schicht, die den heutigen Ansprüchen ihrer Bewohner:innen gerecht werden kann. Die Fragmente, Brüche und Überlagerungen der Stadt zu sehen, sie weiterzudenken und in die zukünftige Gestaltung der Stadt einfließen zu lassen, ist eine große Aufgabe und zugleich ein wichtiges Ziel.

Glück auf, Chemnitz.

KAMENICA –
Eine persönliche Reise nach Chemnitz
Ruediger Glatz

Meine Verbindung zu Chemnitz begann im Jahr 1999, als ich im Rahmen des *splash!* Musik Festivals erstmals die Stadt besuchte. Damals unterstützte meine Firma MONTANA CANS die Graffiti-Aktion des Festivals. Im Zuge dieses Engagements lernte ich René Kästner kennen, der diesen Bereich des Festivals kuratierte. Das *splash!-Festival* wurde für mich über Jahre hinweg zu einem festen Bestandteil meines Lebens. Von 1999 bis 2006 zog es mich jedes Jahr an den Stausee Oberrabenstein, bevor das Festival ab 2007 an anderen Orten stattfand. Dennoch blieb mir die Stadt Chemnitz selbst lange fremd – mein Fokus lag auf dem Festival und seiner kreativen Energie, ohne dass ich mich intensiver mit dem Ort und seiner Geschichte auseinandergesetzt hätte.

Im Jahr 2000 entdeckte ich die Fotografie als mein künstlerisches Ausdrucksmittel. Von 2006 bis 2013 begleiteten mein Crew-Kollege, Partner und Freund Thilo Ross und ich das *splash!-Festival* als offizielle Fotografen mit Carte blanche. Diese besondere Freiheit erlaubte es uns, das Festival durch unsere eigene, subjektive Linse zu dokumentieren. Auch nachdem das Festival 2007 Chemnitz verlassen hatte, blieb diese Zeit prägend. Die Dynamik und der kreative Geist des Festivals prägten meine Wahrnehmung – jedoch blieb die Stadt selbst im Hintergrund.

Es sollten 23 Jahre vergehen, bevor René Kästner 2022 erneut an mich herantrat. Er lud mich ein, im Rahmen des Projekts *HALLENKUNST*, einem offiziellen Bestandteil des Programms der Europäischen Kulturhauptstadt Chemnitz 2025, eine fotografische Arbeit zu schaffen. Diese Arbeit sollte im Kontext einer Artist Residence entstehen. Die Idee, Chemnitz aus einem völlig neuen Blickwinkel zu erkunden, begeisterte mich unmittelbar, und ich sagte zu. Es war die Möglichkeit, die Stadt, die über Jahre nur Kulisse für das Festival gewesen war, neu zu entdecken – diesmal als zentrales Motiv.

Im Sommer 2023 reiste ich schließlich für einen ersten Aufenthalt nach Chemnitz. Zwei Tage lang ließ ich mich von der Stadt inspirieren, streifte durch die Straßen, beobachtete und nahm wahr. Bereits an diesem ersten Tag wurde mir bewusst, wie vielfältig die architektonischen Schichten Chemnitz' sind und wie viel Potenzial in der Stadt steckt. Die Überlagerung von Epochen – von der Gründerzeit über die sozialistische Moderne bis zur zeitgenössischen Architektur – faszinierten mich. Die Stadt selbst erzählte mir Geschichten von Wandel, Wachstum und Verlust. Ich beschloss, das Projekt größer zu denken, als ursprünglich geplant, und neben der Ausstellung auch ein Buch zu schaffen, das meine intensive Auseinandersetzung mit Chemnitz dokumentieren würde.

Noch während dieses ersten Aufenthalts traf ich Tilman Weigel, einen Immobilienentwickler, der sich spontan bereit erklärte, das Projekt gemeinsam mit seinem Geschäftspartner Jörg Heitmann finanziell zu unterstützen. Diese unerwartete Option ermöglichte es mir, meine Ideen in der Tiefe und Breite umzusetzen, die ich mir vorgestellt hatte.

In den darauffolgenden 14 Monaten kehrte ich insgesamt 7 Mal nach Chemnitz zurück, um die Stadt fotografisch und emotional zu erkunden. Mein Tagesablauf war geprägt von langen Streifzügen, oft beginnend am frühen Morgen und endend tief in der Nacht – manchmal um 3 oder 4 Uhr. Pro Tag legte ich dabei rund 16 Kilometer zu Fuß zurück. Ich suchte nicht nur visuelle Eindrücke, sondern auch die Begegnung mit den Chemnitzern selbst. Ich hörte Podcasts, las über die Stadtgeschichte, verfolgte eine lokale Facebook-Gruppe und führte unzählige Gespräche, um ein umfassendes Gefühl für Chemnitz zu entwickeln.

Was mich an Chemnitz besonders beeindruckte, war seine Vielschichtigkeit. Die Stadt ist ein Palimpsest, in dem historische Schichten mit zeitgenössischen Überlagerungen koexistieren. Gründerzeitbauten treffen auf Plattenbauarchitektur, und zwischen den Zeugnissen der sozialistischen Moderne blitzen neue Strukturen auf. Diese Brüche und Übergänge spiegeln nicht nur die städtebauliche, sondern auch die gesellschaftliche Dynamik wider. In einer Zeit, in der die Lebenshaltungskosten in Städten wie Berlin, Hamburg oder München rasant steigen, bietet Chemnitz mit seinen Leerständen und bezahlbaren Mieten einen wertvollen Gegenpol. Hier existieren Räume für Kreativität und neue Ideen – eine Chance, die die Stadt im Kontext der Europäischen Kulturhauptstadt 2025 nutzen sollte, um sich als Standort für Kunst und Kultur neu zu positionieren.

KAMENICA – benannt nach dem altsorbischen Ursprung des Namens Chemnitz, der »Steinbach« bedeutet – ist meine persönliche Hommage an diese Stadt. Die Serie dokumentiert meine intensive Auseinandersetzung mit Chemnitz und zeigt zugleich meine persönliche Verbindung zu einem Ort, der mich über Jahrzehnte begleitet hat, wenn auch zunächst nur am Rande.

In den Jahren 2023 und 2024 hat Chemnitz für mich eine ganz neue Bedeutung gewonnen. *KAMENICA* ist mein Dank an die Stadt, ihre Menschen und ihre Geschichten. Danke, Chemnitz – es war mir ein Fest. Ich wünsche dir alles Gute für deine Zukunft und für das Jahr als Kulturhauptstadt.

Histories in Flux
Sophie-Charlotte Opitz

KAMENICA opens with a photograph of a black monolith supporting an amorphous stone. At least, that's what the visible suggests. The object, however, is not an abstract work but the famous Karl Marx Monument in Chemnitz – photographed from behind. With this unconventional perspective, photographer Ruediger Glatz disrupts the usual gaze upon the monument, revealing photography's potential: not merely to depict but to allude to the circumstances, actors, and narratives shaping the image. In this photograph, Glatz sidesteps the monument's embedded mechanisms of societal representation. His shift in perspective introduces a dialogue about the complex power dynamics inscribed in Chemnitz's architecture and urban heritage – a theme recurring throughout his photographic exploration of the city. Glatz's work also reflects on photography itself, a medium historically intertwined with hegemonic structures as both their tool and their product. His images demonstrate how photography can resist the static by embracing a dynamic gaze, offering new perspectives on entrenched narratives.

KAMENICA subverts traditional notions of photography as medium producing authentic, objective images – a neutral "drawing with light" (from the Greek *phōs* = light and *gráphein* = drawing) faithfully reflecting reality. Instead, Glatz's fragmented view of the city underscores photography's inherent limitations: it cannot fully contextualise, explain, or narrate. Every frame is bound by its motif, fixing the subject with precision yet leaving meaning open to interpretation, shifting from one viewer to another. The same can be said for monuments. As visual-material representations of cultural and collective identity, they lend symbolic presence to everything that happens. Yet they are instruments of power, creating visibility while attempting to assert interpretive authority over the past – a goal ultimately reliant on actively lived memory cultures. This is where Glatz's unusual gaze upon the Karl Marx Monument intervenes. Moving away from a monolithic reading, he underscores the necessity of embracing and reflecting on history's plurality. His shift in perspective transforms the monument into a space for "de-commemoration"[1] – a counter-monument that foregrounds the fragility of memory over the rigidity of commemoration.

Visual cultures and collective memories exist in constant interplay: what becomes visible shapes societal discourse, which in turn informs our understanding of images. By reimagining the monument, Glatz turns photography into a conscious act, challenging traditional modes of remembrance and inviting viewers to reimagine history. From this starting point, his photographic exploration of Chemnitz unfolds – a city where history is omnipresent in the urban landscape. Shot with a digital camera mimicking the grainy aesthetic of analogue black-and-white photography, Glatz's images blur the boundaries between past and present, documentation and interpretation. Chemnitz's architecture and urban landscape become monuments in themselves: sprawling vistas from bird's-eye or central perspectives juxtapose skyscrapers with marble statues, historic towers with modern office buildings, and Plattenbau housing blocks with Bauhaus architecture. The city reveals its full diversity, its visual elements becoming silent witnesses to social change, layered like an urban palimpsest inscribed into Chemnitz's architecture and cityscape.

This layering becomes strikingly clear in a photograph of the Neues Rathaus (new city hall), flanked by the curved glass façade of a modern department store. Built in 1909, the Neues Rathaus symbolises the city's industrial boom and the need for expanded administrative capacity during rapid population growth. It also stands as a testament to the solidarity of Chemnitz's residents at the end of World War II: in 1945, 80 per cent of the inner city was destroyed by Allied air raids, but the Neues Rathaus was spared, protected by the efforts of fire-fighters and volunteers. Glatz's image intertwines this historical moment with the present, as the marketplace – long a site of economic exchange – persists, while the reflective glass façade signals the ongoing transition of the economy.

Glatz often chooses high or distant perspectives, but his imagery does not feel detached. Rather, his vantage points aim to capture a comprehensive view of the city. Human figures appear only sparingly and from a distance; instead, his focus is on the visible traces of humanity. Churches, train stations, museums, concert halls, residential buildings, and vacant lots form a complex cultural portrait of Chemnitz. This portrait also includes power structures: surveillance cameras, guard posts, walls, windows, and doors that deny access become visual markers of the authority shaping urban identity and human history – a history rife with claims to dominance. Michel Foucault's *Discipline and Punish*[2] analysed the evolution of societal structures, showing how the expression of power shifted from physical violence to surveillance and discipline in institutions like schools and prisons. Glatz's photographs of such deserted, ordered spaces highlight the fine web of power that permeates urban identity. Yet unlike Foucault's concept, in which power seems to be characterised by and underlying ahistorical constant, Glatz reveals its dynamism, shaped by societal transformation. Scaffolding and construction sites, recurring motifs in *KAMENICA*, symbolise not only the constant evolution of places but also the idea that a site's historical significance is not opposed to its perpetual change. This theme culminates in Glatz's images of stickers, campaign posters, graffiti, and murals, which visualise the spectrum of political opinions. Overlays, cross-outs, and fading fragments capture the struggles of competing ideologies, emphasising the importance of political visibility in the urban landscape: those who are seen command attention, and those who gain attention shape discourse. These visual micro-palimpsests highlight the contest for dominance in public space.

Toward the end of the book, images of windows become more frequent. Their glass offers both a view outward and a reflective surface. In 1973, psychoanalyst Jacques Lacan described the gaze as a projection of the self, returned by the seen object.[3] When people observe something, they interpret it through individual and collective patterns of perception – patterns shaped by socialisation, culture, personal experience, encounters, and knowledge. This concept of cultural seeing and decoding is symbolised by the windowpane, placed between interior and exterior.

The book's final image shows the Chemnitz River, quietly threading its way through the city. Known in Old Sorbian as "Kamenica", the river has shaped local life for centuries – first as a natural habitat, later as an economically vital waterway. Over time, it has been canalised and built over, now visible only in fragments. Like the river, a fragmented and sometimes contradictory flow of stories runs through Glatz's photographs, symbolising the transformations shaping Chemnitz. *KAMENICA*, as a photographic stream, becomes a metaphor for a city's history – marked by progress, industrial flourishing, and wartime destruction – and invites us to continually question history in its fragility and mutability.

---

[1] Sarah Gensburger, "The paradox of (de)commemoration: do people really care about statues?" (20.07.2020), in: *The Conversation*, theconversation.com/the-paradox-of-de-commemoration-do-people-really-care-about-statues-141807 (last accessed November 20, 2024).

[2] Michel Foucault, *Discipline and Punish. The Birth of the Prison*, transl. from the French by Alan Sheridan, London: Penguin, 1977.

[3] Jacques Lacan, *The Four Fundamental Concepts of Psychoanalysis* (*The Seminar of Jacques Lacan, Vol. 11*), trans. by Bruce Fink, New York, NY: Norton, 1998 (French original 1973).

Layers of a City
Sebastian Schmidt

Photographically portraying a city and its architectural fabric demands an objective gaze that views the city as a complex interplay of history, architecture, social structures, and urban life. Yet, individual photographs of buildings, neighbourhoods, open spaces, and traces of daily life create a distinct narrative – a personal visual exploration that grants viewers an intimate look into Ruediger Glatz's engagement with the city of Chemnitz.

Reading the City

The urban fabric, shaped layer by layer over centuries, forms a unique spatial construct. These temporal and spatial layers become legible through close observation, like fragments of text in the book of the city's history. They speak of growth, destruction, rebuilding, and the people who live(d) here. Today, Chemnitz is rich in history, its urban landscape a collage of diverse architectural fragments, removed from their original contexts, collectively forming beautiful, unusual, exciting, bizarre, and unique places.

In his photographic study of the city, Glatz carefully uncovers these layers of space and time, presenting their diversity for viewers to engage with.

Layers – Kamenica, Karl-Marx-Stadt, Chemnitz

The history of Chemnitz is deeply intertwined with its economic development. In the 15th century, significant ore deposits, particularly silver, were discovered near the city. The subsequent mining boom fuelled the region's prosperity and

Chemnitz's growth. By the early 19th century, during industrialisation, mechanical engineering and the textile industry emerged as key industries. The city expanded along major transportation routes, with factories clustering near the city centre and along railway lines. Around the medieval core, densely populated workers' neighbourhoods and industrial zones developed. Known as the "Saxon Manchester", Chemnitz became a major industrial hub. Housing and workplaces were tightly integrated, often leading to precarious living conditions. Efforts to address these issues led to the development of spacious residential neighbourhoods like on the Kaßberg and the Sonnenberg, which remain among Germany's largest contiguous ensembles of their kind. This modern urban planning aimed to improve living conditions. Innovations in industrial production also drove advancements in architecture and urban design. New Objectivity buildings characterised the cityscape of Chemnitz, with Modernist structures like the Schocken Department Store, designed by Erich Mendelsohn, one of the leading architects of his time, still bearing witness to this today.

World War II, particularly the 1945 Allied bombings, devastated large parts of the city, especially the historic city centre, but also parts of the Gründerzeit districts and industrial facilities. In total, over 60 per cent of the city structure were severely damaged. The medieval city centre – with its narrow streets and plazas – was almost entirely obliterated, leaving behind a fragmented urban landscape of gaps and disjointed structures, houses that had been torn out of the context of the lost ensemble.

A new phase in the development of Chemnitz began with the founding of the GDR. Instead of rebuilding destroyed structures, the city centre was designed according to the new principles of socialist urban planning in its various forms. The centre of Karl-Marx-Stadt, as Chemnitz was called from 1953, was given wide arterial roads like today's Straße der Nationen and spacious squares. Socialist urban planning added a new, clearly recognisable layer that contrasted sharply with the city's historical architecture. New residential structures replaced the medieval core, adopting the open-plan living concepts of socialist urban design from 1960 onwards. The construction of the Forum with the Interhotel and the Stadthalle as well as the buildings along Brückenstraße created an entirely new urban centre. The inner-city street layout was adapted to the requirements of increasing car traffic, and new traffic arteries and main thoroughfares were created. The reconstruction brought about a comprehensive redesign of Chemnitz's centre, with only individual fragments such as the Rote Turm and the Neues Rathaus being integrated into the design as silent witnesses of a bygone era. The reference to the medieval city with its alleyways, streets and squares was lost, and a new city of a new time was raised in the centre of Chemnitz.

After the German reunification in 1990, Chemnitz's urban planning from the GDR era was reassessed, with efforts focusing on restoring the inner city and revitalising Gründerzeit neighbourhoods. This "urban repair" added yet another layer to the city by reinterpreting its historical street layout. New spatial contexts were created through additions to the existing post-war buildings, such as on the market square. Industrial areas that fell into disuse after reunification opened up space for creative initiatives. Projects such as the Spinnerei Chemnitz and the former RAW site show how post-1990 urban redevelopment has contributed to the creation of new spaces and to the quality of urban life.

Diversity

Chemnitz's urban structure is a collage of eras with their respective architectural characteristics, shaped by destruction, rebuilding, and redesign. The overlapping of different layers defines Chemnitz as a city of striking architectural diversity and unique spatial relationships. The history of the city's developments tells the story of a place that has continuously reinvented itself.

Recognising the unique qualities of the individual layers – along with their transitions, breaks, and contrasts – reveals spaces full of potential. The city offers a scope of action for the people who live here. There is room for a new, contemporary layer to emerge, meeting the needs of its current inhabitants. Acknowledging these fragments and overlaps and incorporating them into the future design of the city is both a major task and an essential goal.

Glück auf, Chemnitz.

KAMENICA – A Personal Journey to Chemnitz
Ruediger Glatz

My connection to Chemnitz began in 1999, when I visited the city for the first time in the context of the *splash!* music festival. At that time, my company, MONTANA CANS, sponsored the festival's graffiti programme. It was through this collaboration that I met René Kästner, who curated this part of the festival. Over the years, the *splash!-Festival* became a recurring fixture in my life. From 1999 to 2006, it drew me annually to the idyllic Rabensteiner Stausee, before the festival was relocated to other venues after 2007. Yet, Chemnitz itself remained a stranger to me – merely a backdrop to the festival's creative energy, with which I was deeply engaged but which did not lead me to delve further into the city or its stories.

In 2000, I discovered photography as my medium of artistic expression. From 2006 to 2013, I attended the *splash!* festival as one of its official photographers, accompanied by my crew colleague, partner, and dear friend, Thilo Ross. With carte blanche, we had the privilege to document the festival through our own subjective lens, a process that delighted and inspired us every year. Even after the festival left Chemnitz in 2007, those years left an indelible mark on me. The festival's dynamics and creative spirit shaped my perception – though Chemnitz itself remained, for the most part, a peripheral presence in my life.

Twenty-three years after my first visit, in 2022, René Kästner approached me once again. This time, he invited me to participate in *HALLENKUNST*, an official project of the European Capital of Culture Chemnitz 2025. He asked if I would create a photographic work as part of an artist in residence programme. The opportunity to see Chemnitz from an entirely new perspective captivated me immediately, and I accepted without hesitation. Here was the chance to rediscover a city that had long been in the background – this time not as a mere stage but as the central focus.

  In the summer of 2023, I returned to Chemnitz for my first exploratory stay. For two days, I wandered through the city, absorbing its atmosphere, observing its rhythms, and allowing it to reveal itself to me. It became clear to me on that very first day how rich and layered the architectural landscape of Chemnitz is, and how much potential it holds. The interweaving of eras – from the Gründerzeit to socialist modernism and contemporary architecture – fascinated me. The city itself seemed to whisper stories of transformation, growth, and loss. I realised then that I wanted to expand the scope of my project beyond its original conception: in addition to an exhibition, I would create a book that would document my deep engagement with Chemnitz.

  During this initial visit, a wonderful meeting occurred. I met Tilman Weigel, a real estate developer who, together with his business partner Jörg Heitmann, offered to financially support the project. Their generosity allowed me to bring my vision to life with the depth and breadth I had imagined.

  Over the following 14 months, I returned to Chemnitz 7 more times, immersing myself in its spaces and stories, both visually and emotionally. My days were marked by long explorations, often beginning early in the morning and ending late at night – sometimes 3 or 4 a.m. Each day, I walked approximately 16 kilometres through the city, letting it unfold before me. I wasn't only searching for visual impressions but also for a deeper connection with the people of Chemnitz. I listened to podcasts, read about the city's history, followed a local Facebook group, and engaged in countless conversations to develop a nuanced understanding of Chemnitz.

What struck me most about Chemnitz was its complexity – a city as a palimpsest, where historical layers coexist with contemporary overlays. Gründerzeit buildings stand side by side with Plattenbau architecture, and amidst the relics of socialist modernism, new structures emerge. These fractures and transitions speak not only of the city's architectural evolution but also of its social dynamics. At a time when living costs in cities like Berlin, Hamburg, and Munich continue to soar, Chemnitz, with its abundance of vacant spaces and affordable rents, offers a compelling alternative. It provides fertile ground for creativity and new ideas – an opportunity that the city, in its role as the European Capital of Culture 2025, has the chance to seize, positioning itself as a hub for art and culture.

  KAMENICA – named after the Old Sorbian origin of Chemnitz's name, meaning "stone brook" – is my personal homage to this remarkable city. The series reflects my intensive engagement with Chemnitz and captures my enduring, though initially peripheral, connection to this place over the decades.

  In 2023 and 2024, Chemnitz took on an entirely new meaning for me. KAMENICA is my thanks to the city, its people, and its stories. Thank you, Chemnitz – it has been an honour. I wish you all the best for your future and your year as the Capital of Culture.

134

Index

Cover Carlowitz Congresscenter, Theaterstraße 3, 2023

3 Karl-Marx-Monument, Lew Kerbel (1971), 2023

4 Verwaltungsgebäude in Renovierung / Administrative building under renovation, Brückenstraße 10–14, 2023

5 Blick auf das Verwaltungsgebäude vom Congress Hotel / View of the administrative building from the Congress Hotel, 2023

6 Carlowitz Congresscenter, Theaterstraße 3, 2023

8 Blick auf die Brückenstraße vom Congress Hotel / View of Brückenstraße from the Congress Hotel, 2023

10 Schillingsche Figuren am Schlossteich (*Der Morgen*) / Schilling figures in the castle ponds (*The Morning*), 2023

11 Congress Hotel Chemnitz, Theaterstraße 3, 2023

12 Der Rote Turm im Zentrum / The Red Tower in the centre, 2023

13 »Parteifalte«, Brückenstraße 10, 2023

14 Opernplatz, 2023

16 Parkhaus Oberdeck / Multi-storey car park, upper deck, Theaterstraße 3, 2023

211

18	Kaufhaus Schocken / Department store Schocken, Stefan-Heym-Platz 1, 2023	19	Peek & Cloppenburg, Neumarkt 1, 2023
20	Verwaltungsgebäude / Administrative building, Brückenstraße 10–14, 2023		
22	Fernwärmerohre / District heating pipes, Kaßbergauffahrt, 2023	23	Blick auf den Neumarkt vom ehemaligen Kaufhof / View of the Neumarkt from the former Kaufhof, 2023
24	Altes und Neues Rathaus / Old and New City Hall, 2023		
26	Straße der Nation / Brückenstraße, 2023		
28	Ernst Ludwig Kirchner, *Chemnitzer Fabriken* (1926), Kunstsammlungen Chemnitz, 2023	29	Blick vom Congress Hotel auf die Mühlenstraße und den Schornstein des Heizkraftwerks, gestaltet von Daniel Buren / View from the Congress Hotel of Mühlenstraße and the power plant chimney painted by Daniel Buren, 2023
30	Kunstsammlungen Chemnitz, Theaterplatz 1, 2023		
32	Karl-Marx-Monument, Lew Kerbel (1971), 2023	33	FAMED, *Seele und Dekor* (2023), Museum Gunzenhauser, 2023
34	Caspar David Friedrich, *Das Segelschiff* (um/ca. 1815), Kunstsammlungen Chemnitz, 2023	35	Wirkbau, Lothringerstraße 11, 2023

36 Kunstsammlungen Chemnitz, Theaterplatz 1, 2023

38 Plattenbauten / Plattenbau housing blocks, Chemnitz-Helbersdorf, 2023

40 Kunstsammlungen Chemnitz, Theaterplatz 1, 2023

41 Theaterstraße / Hartmannstraße, 2023

42 Verbindung zwischen den Kunstsammlungen Chemnitz und Oper / Connection between the Kunstsammlungen Chemnitz and the Opera, Theaterplatz, 2023

43 Überwachung / Surveillance, Straße der Nationen, 2023

44 Sanierung des Eisenbahnviadukts / Renovation of the railway viaduct, Annaberger Straße, 2024

45 FAMED, *The Way to Success Is Open* (2023), Museum Gunzenhauser, 2023

46 Neben dem Nischel (Karl-Marx-Monument) / Next to the Nischel (Karl Marx Monument), 2024

47 Karl-Marx-Monument, Lew Kerbel (1971), 2023

48 Betriebsraum / Operating room, Straße der Nationen, 2023

49 Chemnitzer Hof, Theaterplatz 4, 2023

50 Außenwandbewachsung der JVA Chemnitz / Exterior wall vegetation of the Chemnitz Prison, Thalheimer Straße 29, 2024

51 St. Petrikirche / St Peter's Church, Theaterplatz, 2024

53 Foyer der Stadthalle Chemnitz, im Hintergrund Horst Zickelbeins Wandbild *Die Befreiung der Wissenschaft durch die sozialistische Revolution* (1974) / Foyer of the Chemnitz indoor arena, in the background Horst Zickelbein's mural *The Liberation of Science through the Socialist Revolution* (1974), 2024

52 Figur an der Jakobikirche / Sculpture at the St Jakobi Church, Jakobikirchplatz 1, 2024

213

54	St. Petrikirche / St Peter's Church, Theaterplatz, 2024		55	Großes Foyer in der Stadthalle Chemnitz / Large foyer in the Chemnitz indoor arena, 2024
56	Großes Foyer in der Stadthalle Chemnitz / Large foyer in the Chemnitz indoor arena, 2024		57	Stadthalle Chemnitz / Chemnitz indoor arena, 2024
			59	Backstage Stadthalle Chemnitz / Backstage Chemnitz indoor arena, 2024
60	Briefkästen / Mailboxes, Rosenhof 18, 2024			
			63	Kaßberg-Gefängnis / Kaßberg Prison, 2024
64	Wandmalerei der Justitia, Neues Rathaus / Mural of Justitia, New City Hall, 2023		65	Kaßberg-Gefängnis / Kaßberg Prison, 2024
			67	Blick auf die Stollberger Straße / View of Stollberger Straße, 2023
68	Jägerstraße, 2023		69	Blick auf die Stollberger Straße / View of Stollberger Straße, 2023
70	Kammer der Technik / Chamber of Technology, 2024		71	Annaberger Straße 110, 2024

72	Chemnitz-Gablenz aus einer Straßenbahn / Chemnitz-Gablenz from a tram, 2024		

74	Intenta Automotive, Ahornstraße 55, 2024	75	Intenta Automotive, Ahornstraße 55, 2024

76	Kapellenberg, 2024	77	Schönherrstraße 8, 2024

78	Neefestraße 88, 2024

		81	Wasserschloß Klaffenbach / Water castle Klaffenbach, 2024

82	Kosmonautenzentrum *Sigmund Jähn* / *Sigmund Jähn* Cosmonaut Center, Küchwaldring 20, 2024	83	Wasserschloß Klaffenbach / Water castle Klaffenbach, 2024

84	Wasserschloß Klaffenbach / Water castle Klaffenbach, 2024	85	Zwickauer Straße 112, 2024

86	Stadtbad / Public Swimmingpool, Bronzeplastik *Paar* von Harald Stephan (1983) / bronze sculpture *Paar* by Harald Stephan (1983), Mühlenstraße 27, 2024

88	Schloßbergmuseum, 2024	89	Kristalle in der Lobby des Congress Hotels / Crystals in the lobby of the Congress Hotel, 2023

90	Radrennbahn / Cycling track, 2024		

92	Wanderer-Werke / Wanderer Factory, Zwickauer Straße 221, 2024	93	Der sächsische Schneefuchs / The Saxon Snow Fox, smac (Staatliches Museum für Archäologie Chemnitz), Stefan-Heyn-Platz 1, 2023

94	Wanderer-Werke / Wanderer Factory, Zwickauer Straße 221, 2024	95	Ehemaliges Horch-Werk – Geburtsort von Audi / Former Horch factory – birthplace of Audi, Scheffelstraße 110, 2023

		96	Wanderer-Werke / Wanderer Factory, Zwickauer Straße 221, 2024

98	Verwaltungsgebäude in Renovierung / Administrative building under renovation, Brückenstraße 10–14, 2023	98	Auf dem Dach des Congress Hotel / On the roof of the Congress Hotel, Theaterstraße 3, 2023

100	Im Cammann-Hochhaus / In the Cammann Highrise, Blankenauer Straße 76, 2023	101	Auf dem Dach des Congress Hotel / On the roof of the Congress Hotel, Theaterstraße 3, 2023

102	Cammann-Hochhaus / Cammann Highrise, Blankenauer Straße 76, 2023	103	Im Cammann-Hochhaus / In the Cammann Highrise, Blankenauer Straße 76, 2023

		105	Agricola im Neuen Rathaus / Agricola in the New City Hall, 2023

106	Im Cammann-Hochhaus / In the Cammann Highrise, Blankenauer Straße 76, 2023	107	Im Cammann-Hochhaus / In the Cammann Highrise, Blankenauer Straße 76, 2023

108 Universitätsbibliothek TU Chemnitz / University Library TU Chemnitz, Straße der Nationen 33, 2023

125 Cammann-Hochhaus / Cammann Highrise, Blankenauer Straße 76, 2023

126 Congress Hotel Chemnitz, Theaterstraße 3, 2023

127 Kiosk, Hartmannstraße, 2023

128 Viet Wok, Theaterstraße 30, 2023

129 Wirkbau, Annaberger Straße 73, 2024

130 Georgstraße 27, 2024

131 Omnibusbahnhof / Bus station, Straße der Nationen 33, 2023

132 Omnibusbahnhof / Bus station, Straße der Nationen 33, 2023

134 smac (Staatliches Museum für Archäologie Chemnitz), 2023

135 Carolastraße 20, 2023

136 Miniaturzug Anlage im Hauptbahnhof / Miniature train system in the main station, 2023

138 Markthalle / Market hall, An der Markthalle, 2023

217

140	Ehemaliges Horch-Werk – Geburtsort von Audi / Former Horch factory – birthplace of AUDI, Scheffelstraße 110, 2023	141	Wanderer-Werke / Wanderer Factory, Zwickauer Straße 219, 2024
		143	Zwickauer Straße 40, 2024
144	Politisches Graffiti / Political Graffiti, 2023	145	Gebrauchte Turnschuhe im Angebot / Used sneakers for sale, 2024
146	(Politische) Kommunikation im öffentlichen Raum / (Political) Communication in public space, 2024	147	(Politische) Kommunikation im öffentlichen Raum / (Political) Communication in public space, 2024; »Unser Land zuerst!« by AfD
148	(Politische) Kommunikation im öffentlichen Raum / (Political) Communication in public space, 2024		
150	(Politische) Kommunikation im öffentlichen Raum / (Political) Communication in public space, 2024		
152	(Politische) Kommunikation im öffentlichen Raum / (Political) Communication in public space, 2024	153	Montagsdemo / Monday demonstration, Theaterstraße, 2024
154	Wirkbau, Annaberger Straße 73, 2024	156	Bernsdorfer Straße / Ritterstraße, 2024
		157	Theaterstraße 36, 2023

218

158　A4 Gewerbepark, Bornaer Straße 205, 2004

159　A4 Gewerbepark, Bornaer Straße 205, 2004

160　Berufliches Schulzentrum für Technik II Handwerkerschule / Professional school centre for technology II crafts school, Schloßstraße 3, 2024

162　Bahnbrücken / Railway bridges, Blankenauer Straße, 2024

163　Hartmannfabrik, Fabrikstraße 11, 2024

164　Kaufhaus *Glück Auf*-Schild, Industriemuseum / Department store *Glück Auf* sign in the Industrial Museum, Zwickauer Straße 11, 2024

165　Neue Oberschule am Hartmannplatz, Hartmannstraße 21, 2024

166　Straßenbahnmuseum / Tram museum, Zwickauer Straße 164, 2023

168　Innenstadt, 2024

169　Carlowitz Congresscenter, Theaterstraße 3, 2023

171　Energiewerk / Power plant, 2024

172　Küchwaldbühne, Küchwaldring 34, 2024

173　Im Industriemuseum / In the Industrial Museum, Zwickauer Straße 11, 2024

174　Arno-Loose-Gewerbepark, Erzberger Straße 1, 2023

175　Küchwaldbühne, Küchwaldring 34, 2024

176	Im Industriemuseum / In the Industrial Museum, Zwickauer Straße 11, 2024	177	Im Industriemuseum / In the Industrial Museum, Zwickauer Straße 11, 2024
		179	Wanderer-Werke / Wanderer Factory Zwickauer Straße 219, 2024
180	die fabrik, Zwickauer Straße 145, 2024	181	Straßenbahnmuseum / Tram museum, Zwickauer Straße 164, 2023
182	Markthalle / Market hall, An der Markthalle, 2023		
184	Straßenbahnmuseum / Tram museum, Zwickauer Straße 164, 2023	185	Straßenbahnmuseum / Tram museum, Zwickauer Straße 164, 2023
186	Markthalle / Market hall, An der Markthalle, 2023	187	Wärmespeicher / Heat storage, Georgstraße 40, 2023
188	Im Cammann-Hochhaus / In the Cammann Highrise, Blankenauer Straße 76, 2023	189	Möbel Höffner, Ringstraße 1, 2024
190	Im Cammann-Hochhaus / In the Cammann Highrise, Blankenauer Straße 76, 2023		
191	Im Neuen Rathaus / In the New City Hall, 2023	192	Im Neuen Rathaus / In the New City Hall, 2023

194	Im Neuen Rathaus / In the New City Hall, 2023		

| 196 | Chemnitz zum Verkauf: 150.000 DM /
Chemnitz for sale: 150.000 DM, 2024 | 197 | Schreiender Schal / Screaming scarf,
Schloßberg, 2024 |

| 198 | Chemnitzer Hof, Theaterplatz 4, 2023 |

| 200 | Raum 2116 – mein Raum /
Room 2116 – my room,
Congress Hotel, Theaterstraße 3, 2024 | 201 | Im Schloßbergmuseum /
At the Schloßbergmuseum,
Schloßberg 12, 2024 |

| 202 | Polizei im Einsatz / Police in action,
Am Wall, 2024 | 203 | Skulptur von Wieland Förster,
Neeberger Torso (1974), mit
Greifspuren / Sculpture by Wieland
Förster, *Neeberger Torso* (1974),
with signs of grabbing, Carlowitz
Congresscenter, 2024 |
| | | 205 | Carlowitz Congresscenter,
Theaterstraße 3, 2024 |

| 206 | Brückenstraße / Bahnhofstraße,
2023 | | |

| | | 209 | Die Chemnitz / The river Chemnitz,
2023 |

221

Ruediger Glatz
KAMENICA
Ein Portrait von Chemnitz /
A Portrait of Chemnitz

© 2025 Kehrer Verlag Heidelberg,
Ruediger Glatz und Autoren / and authors
© 2025 VG Bild-Kunst, Bonn, für die
Werke von / for the works of FAMED,
Wieland Förster, Harald Stephan und /
and Horst Zickelbein

Projektmanagement / Project Management: Kehrer Verlag (Sylvia Ballhause)
Texte / Texts: Sophie-Charlotte Opitz, Sebastian Schmidt, Ruediger Glatz
Verlagslektorat / Copy Editing:
Anna E. Wilkens
Gestaltung / Design: Helmut Völter
Bildbearbeitung / Image Processing:
Kehrer Design (Erik Clewe, Patrick Horn)
Herstellung / Production Management:
Kehrer Design (Tom Streicher)
Umschlagabbildung / Cover Illustration:
Carlowitz Congresscenter,
Theaterstraße 3, 2023

Bibliografische Information der Deutschen Nationalbibliothek: Die Deutsche Nationalbibliothek verzeichnet diese Publikation in der Deutschen Nationalbibliografie; detaillierte bibliografische Daten sind im Internet über https://dnb.dnb.de abrufbar. / Bibliographic information published by the Deutsche Nationalbibliothek: The Deutsche Nationalbibliothek lists this publication in the Deutsche Nationalbibliografie; detailed bibliographic data is available on the Internet at https://dnb.dnb.de.

Printed and bound in Germany
ISBN 978-3-96900-175-2

Kehrer Verlag Heidelberg
www.kehrerverlag.com

Mein Dank gilt René Kästner und seinem Projekt HALLENKUNST, das als Teil der Europäischen Kulturhauptstadt Chemnitz 2025 einen wichtigen Rahmen für diese Arbeit geschaffen hat. Durch die angebotene Künstlerresidenz konnte ich meine Serie realisieren, deren Ergebnisse im April und September 2025 in Chemnitz – in Form einer Performance und Ausstellung – präsentiert werden.

Darüber hinaus danke ich allen Chemnitzer:innen, die mit ihren Tipps und Perspektiven wertvolle Einblicke in das Stadtgeschehen und seine Geschichte ermöglicht haben.

My sincere thanks go to René Kästner and his project HALLENKUNST, which, as part of the European Capital of Culture Chemnitz 2025, provided an important framework for this work. Through the artist residency he offered, I realised my series, which will be presented in Chemnitz in April and September 2025 as a performance and exhibition.

I would also like to thank the people of Chemnitz, who, with their insights and perspectives, provided valuable glimpses into the city's dynamics and history.

Ich danke Tilman Weigel und Jörg Heitmann für ihre großzügige Unterstützung, die es ermöglicht hat, dieses Buch Realität werden zu lassen. / I thank Tilman Weigel and Jörg Heitmann for their generous support in making this book happen.

Dedicated to my beloved Anni, Caspar, Arthur und Lulu